Impressum
Verlag: BABADADA GmbH, Nedderfeld 112 , 22529 Hamburg
Geschäftsführer / Verlagsleitung: Harald Hof
Druck: Books on Demand GmbH, In de Tarpen 42, 22848 Norderstedt

Imprint
Publisher: BABADADA GmbH, Nedderfeld 112 , 22529 Hamburg, Germany
Managing Director / Publishing direction: Harald Hof
Print: Books on Demand GmbH, In de Tarpen 42, 22848 Norderstedt, Germany

# دبستان

## школа

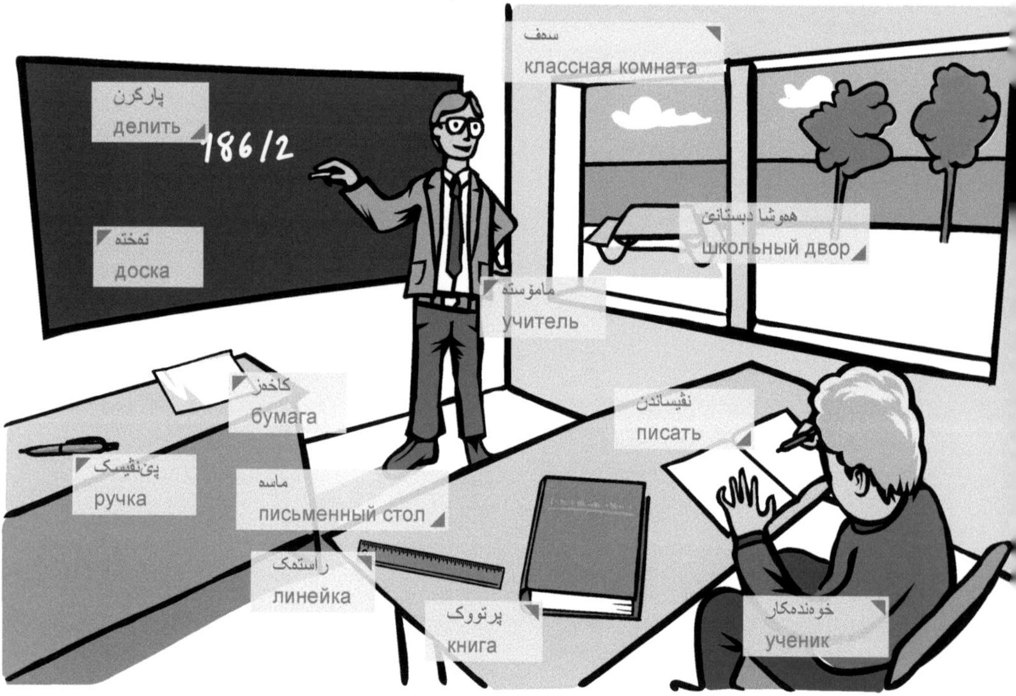
سەف
классная комната
پارکرن
делить
186/2
تەختە
доска
هەوشا دبستانێ
школьный двор
مامۆستە
учитель
کاخەز
бумага
نڤیساندن
писать
پێنڤیسک
ручка
ماسە
письменный стол
راستەک
линейка
پرتووک
книга
خوەندەکار
ученик

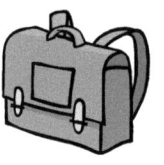

چەوال

ранец

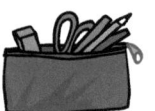

قووتی نڤیستۆک

пенал

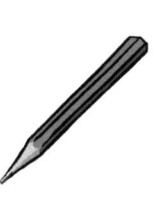

قەلەمرساس

карандаш

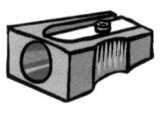

نڤیستۆک تووژکر

точилка

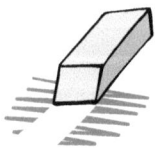

ژێبر

ластик

نڤیسکا نیگارێ

альбом для рисования

نيگار
رисунок

فرچيا رەنگێن
кисточка

قووتی رەنگ
коробка красок

مەقەس
ножницы

لەزاق
клей

پەرتووكا فێربوون
тетрадь

وەزيفا مالێن
домашняя работа

هەژمار
цифра

زێدەكرن
прибавлять

دەرخستن
вычитать

زێدەكرن
умножать

هەسباندن
считать

تيپ
буква

نالفابه
алфавит

پەيڤ
слово

نڤیسین

текст

خواندن

читать

گەچ

мел

دەرس

урок

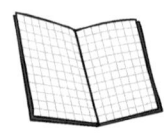

قەیدکرن

классный журнал

نیمتیهان

экзамен

شەهاده

диплом

کنجا دبستانێ

школьная форма

پەروەردەهی

образование

زانستنامە

энциклопедия

زانینگە

университет

میکرۆسکووپ

микроскоп

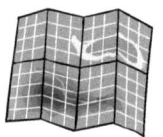

خەریتە

карта

سەپیتا کاخەزێ

корзина для бумаг

مىۋقانخانە
**гостиница**

مىۋقانخانە
▶ **турбаза**

ئۇ فىسا پەرە قەكو ھارتتۇ
**пункт обмена валюты**

جنىتە
**чемодан**

ماشىن
**автомобиль**

زمان
.....................
**язык**

بەلى / نا
.....................
**да / нет**

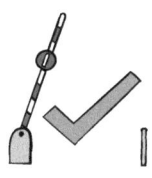

باش
.....................
**хорошо**

سلاڭ
.....................
**Привет**

ومرگۈنزرا نقىسكى
.....................
**переводчик**

سپاس
.....................
**Спасибо**

بھایئ ... چ قاسدہ؟

Сколько стоит...?

ئەز فام ناكم

Я не понимаю

ناریئشە

проблема

ئێوارا باش!

Добрый вечер!

سپێدی باش!

Доброе утро!

شەڤ باش!

Доброй ночи!

خاتریئ تە

До свидания

نالی

направление

هوورموور

багаж

چەنتە

сумка

چەنتە پشت

рюкзак

مێڤان

гость

ئۆدە

комната

جامە خەو

спальный мешок

چادر

палатка

ناگاگیین گرۆکان

туристическая информация

رەمخن نافن

пляж

کارتى قەرزى

кредитная карточка

تاشتن

завтрак

فراڤن

обед

شیڤ

ужин

کارت

билет

ئاسانسۆر

лифт

پوول

почтовая марка

تخووب

граница

گۆمرک

таможня

بالیۆزخانه

посольство

ڤیزا

виза

پاسپۆرت

паспорт

فرۇكه
**самолёт**

گېمى
**корабль**

نەرمبە ئاگرگكوۋژ
**пожарный автомобиль**

تۆتۆبووس
**автобус**

كامىيۆن
**грузовик**

پاپۇرا ماتۆرى
**моторная лодка**

دوچەرخە
**велосипед**

ماشىين
**автомобиль**

پاپۇر

паром

پاپۇر

лодка

مۆتۆرسىيكلېت

мотоцикл

تەرمبىلا پۆلىيسى

полицейский автомобиль

تەرمبىلا پېيشبازىي

гоночный автомобиль

نەرمبە كرىيكرنئ

арендованный
автомобиль

ماشین پهرۆفکرن

совместное пользование
автомобилями

کامیۆنا کشاندنئ

буксировочный
автомобиль

کامیۆنا خولئ

мусоровоз

مۆتۆرسیکلئتن

двигатель

مازۆت

топливо

ئیستەگەها بەنزینئ

заправка

تابلۆیا ترافیکئ

дорожный знак

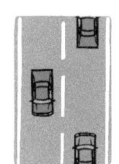

هاتنووچوون

движение

ترافیک

пробка

جهئ پارکئ

автостоянка

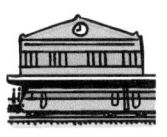

راوەستەگا ترێنئ

вокзал

رێچ

рельсы

ترێن

поезд

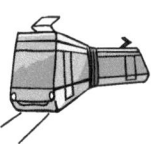

ترێنئ گوڵانئ

трамвай

ئەرەبە

вагон

بابرۆک

вертолёт

بالافرگمه

аэропорт

برج

вышка

مسافر

пассажир

قووتی

контейнер

قووتی

коробка

گرگرۆک

тележка

سەلک

корзина

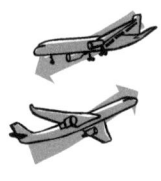

رابوون / نیشتن

взлетать / приземляться

## باژار

## город

گوند

деревня

ناوەندا باژارێ

центр города

خانی

дом

سينەما
кинотеатр

ڕێکلام
реклама

چرای ڕێگا
уличный фонарь

ڕێ، کۆڵان
улица

تاکسی
такси

دوکان
киоск

پیا
пешеход

پیاری
тротуар

ڕێیا دەرباز بوونی
пешеходный переход

قووتی
мусорное ведро

ڕێیا دەرباز بوونی
перекрёсток

چرایێن ترافیکێ
светофор

کۆخ
хижина

خانی
квартира

راوەستگەکا ترێنێن
вокзал

تەلارا شارەڤانی
ратуша

موزەخانه
музей

دبستان
школа

زانىنگە
...............
университет

بانك
...............
банк

نمخوشخانە
...............
больница

مېھمانخانە
...............
гостиница

دەرمانخانە
...............
аптека

ئوفىس
...............
офис

كىتىبفروشى
...............
книжный магазин

دۇكان
...............
магазин

گۈلفروش
...............
цветочный магазин

بازار
...............
супермаркет

بازار
...............
рынок

سوپېرماركەت
...............
универмаг

ماسىفروش
...............
торговец рыбой

ناۋقوندا كىرىن
...............
торговый центр

بەندەرگە
...............
порт

پارک

парк

سەكوو

скамейка

پۆل

мост

دەرنجە

лестница

ژێر زەمینی

метро

تونێل

тоннель

ئیستگەھا نۆتۆبووس

автобусная остановка

بار

бар

خوارنگەھ

ресторан

سندووقا پۆستێ

почтовый ящик

نیشاندەرکا رێیێ

табличка с названием
улицы

مەترا پارکینگێ

паркометр

باخچا ھەیوانان

зоопарк

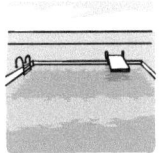

ھەوزا مەلەڤانیێ

бассейн

مزگەفت

мечеть

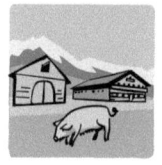

جۆتگەه

ферма

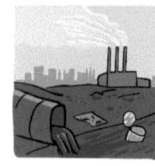

لەوتاندنا دەردۆر

загрязнение окружающей среды

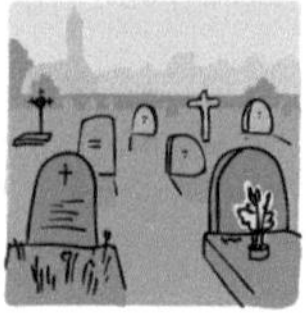

گۆرستان

кладбище

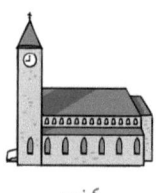

کەنیسە

церковь

ئەردێ لەیستنێ

детская площадка

پەرەستگەه

храм

# تەبیەت

# ландшафт

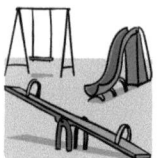

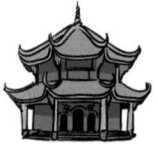

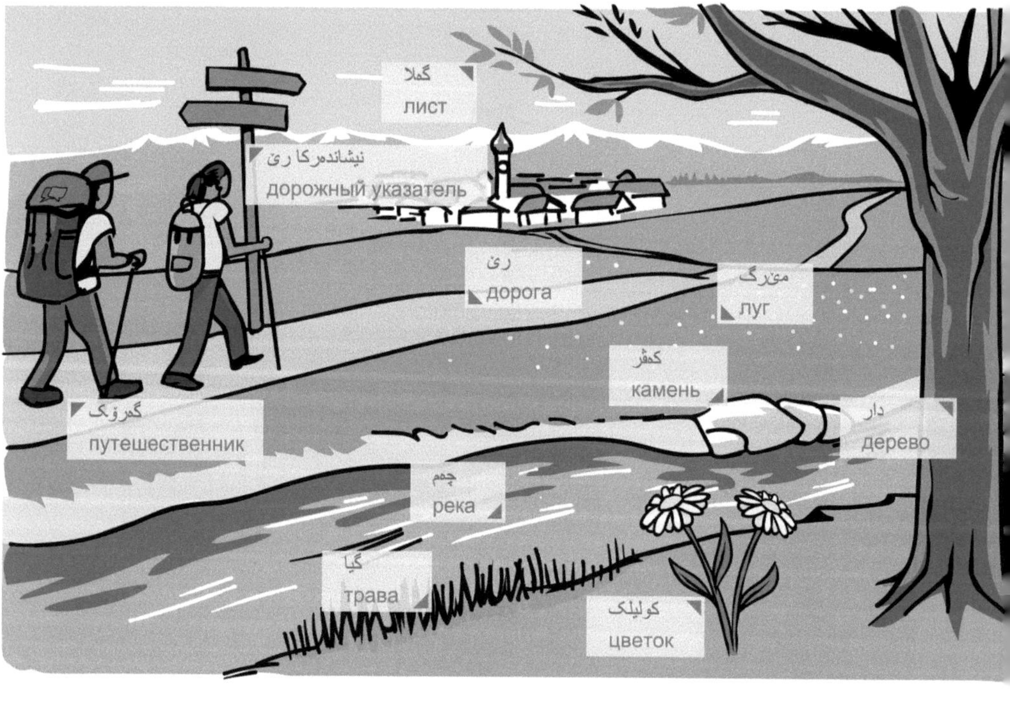
گەلا
лист
نیشاندەرکا رێ
дорожный указатель
رێ
дорога
مێرگ
луг
کەڤر
камень
گەرۆک
путешественник
دار
дерево
چەم
река
گیا
трава
کولیلک
цветок

دۆل
..............
долина

گر
..............
гора

گۆل
..............
озеро

دارستان
..............
лес

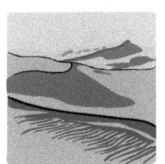

بیابان
..............
пустыня

ڤولکان
..............
вулкан

کەلمە
..............
замок

کەسکەسۆر
..............
радуга

کفارک
..............
гриб

دارقەسپ
..............
пальма

مخمخک
..............
комар

مێش
..............
муха

مێری
..............
муравей

هنگ
..............
пчела

پیری
..............
паук

كۆزىك

жук

بەق

лягушка

سەۆر

белка

ژیژۆک

еж

كەرگوه

заяц

پەپووک

сова

چڕیک

птица

قوو

лебедь

بەرازی کۆیی

кабан

پەزکۆیی

олень

پەزکۆیی

лось

بەنداۆ

плотина

تووربینا با

ветряной генератор

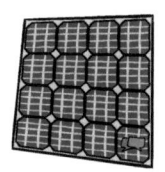

پانەلا خۆرێ

солнечная батарея

ئاۆ و هەوا

климат

بمرکار
▶ официант

پێشمک
▶ меню

کورسی
▶ стул

شۆربه
▶ суп

پیزا
пицца

چەتەل و چمچک
▶ столовые приборы

سفره
▶ скатерть

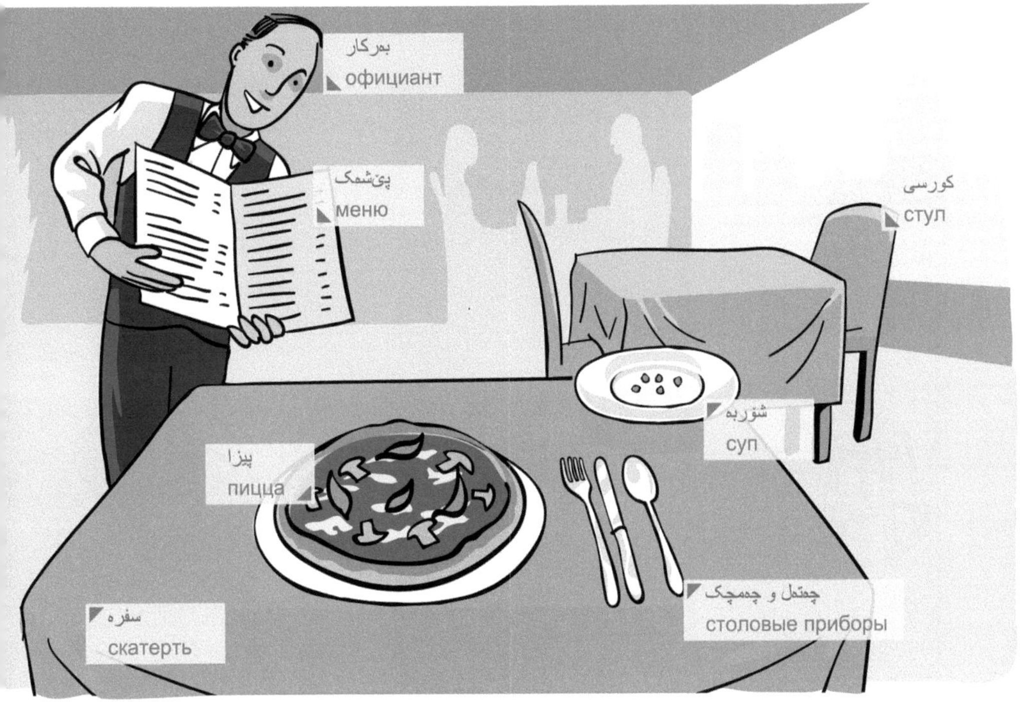

خوارنا دەستپێک

закуска

خوارنا سەرەکی

главное блюдо

شیرانی

десерт

قەمخوارنان

напитки

خوارن

еда

جام

бутылка

خواردنا لەز

فастфуд

خواردنا رێیی

уличная еда

چایدانک

чайник

قووتی شەکری

сахарница

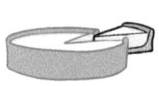

بەش

порция

مەکینا چێکرنێ ئەسپرەسسۆ

кофеварка

کورسیا بلیند

детский стульчик

هەساب

счет

سینی

поднос

کێر

нож

چەتەل

вилка

کەفچی

ложка

کەفچیا چای

чайная ложка

پێشگر

салфетка

قەدەه

стакан

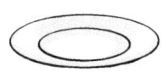

تەيفكف

تارەلكا

تەيفكا شۆربە

суповая тарелка

پيالە

блюдце

چێنج

соус

خوێدانک

солонка

قووتى بيبار

мельница для перца

سێک

уксус

روون

масло

بهارات

специи

کەتچاپ

кетчуп

موستارد

горчица

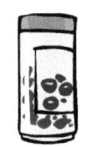

مايۆنێز

майонез

# بازار

## супермаркет

پێشکێشێن تایبەت
специальное предложение
FOR
مشتەری
покупатель
شیرەمەنی
молочные продукты
فێکی
фрукты
عەرەبە
тележка для покупок


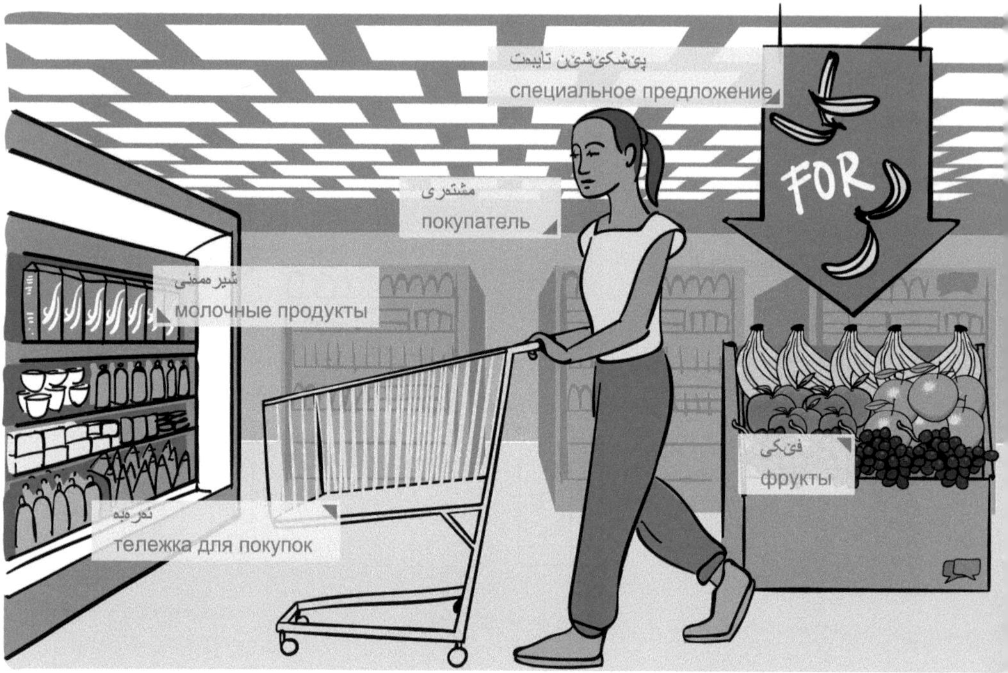

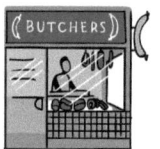

BUTCHERS


قەسابی

..................

мясной магазин

BAKERY


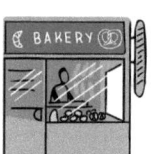

دکانا نانپێژ

..................

пекарня

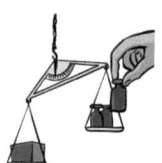

وەزن کرن

..................

взвешивать

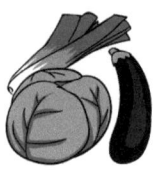

سەبزە

..................

овощи

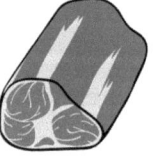

گۆشت

..................

мясо

خوارنێ جەمەدی

..................

быстрозамороженные продукты

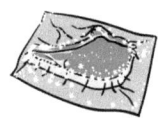

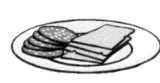

گۆشتێ سار

нарезка

خوارنا پیلێ

консервы

خوباری پاقژکرنێ

стиральный порошок

شرینی

сладости

بەرهەمێن ناڤخودیی

предмет домашнего обихода

بەرهەمێن پاقژکرنێ

моющее средство

فرۆشیار

продавщица

خدزنۆک

касса

درافگر

кассир

لیستا کرینێ

список покупок

دەمێن قەدکری

время работы

جزدان

бумажник

کارتێ قەرزی

кредитная карточка

جوال

сумка

چەنتە

полиэтиленовый пакет

ناۋ

вода

شەربەت

сок

شىر

молоко

كۆمر

кока-кола

شەراب

вино

بىرا

пиво

ئالكۆل

алкоголь

كاكۆ

какао

چاي

чай

قەھۋە

кофе

ئەسپىرەسسۆ

эспрессо

كاپۇچىنۆ

капучино

مۇز

банан

سىٴب

яблоко

پرتەقالى

апельсин

گوندۆر

арбуз

لىمۆن

лимон

گىٴزەر

морковь

سىر

чеснок

قامر

бамбук

پىياز

лук

قارچك

гриб

گۆيز

орехи

شھىرە

лапша

سپاگێتتی

спагетти

برنج

рис

سلاتە

салат

چیپس

картофель фри

پەتاتەیا براشتی

жареный картофель

پیزا

пицца

هامبورگەر

гамбургер

نانۆک

сэндвич

گۆشتی ستوویی بەرخی

шницель

گۆشتی هشککری

ветчина

سالامی

салями

سۆسیس

колбаса

مریشک

курица

بژارتن

жаркое

ماسی

рыба

شۇۋرپە بلوول

овсяные хлопья

مۇۋسلى

мюсли

كەرتۈن گۈلگۈلان

кукурузные хлопья

ئۇن

мука

جرۇسسسانت

круассан

سۆموون

булочка

نان

хлеб

تۆسىت

тост

نانك

печенье

نېشىك

масло

ماست

творог

كۆلۈچە

пирог

ھۈنك

яйцо

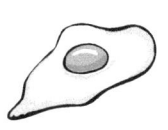

ھۈنكا قەلاندى

яичница

پەنير

сыр

دۆندرمه

мороженое

شهکر

сахар

هنگڤ

мёд

مرهبا

мармелад

خامهیا نۆوگات

крем с нугой

کوری

карри

# جۆتگەھ

# ферма

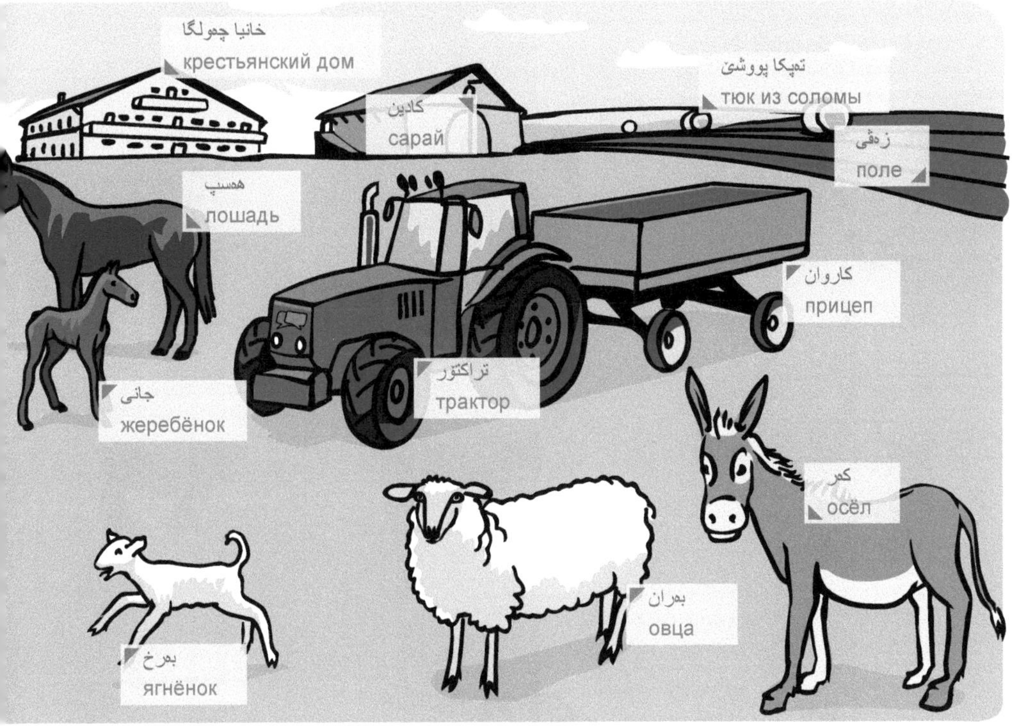

خانیا چەولگا
крестьянский дом
تەپکا پووشێ
тюк из соломы
کادین
сарай
زەڤی
поле
هەسپ
лошадь
کاروان
прицеп
تراکتور
трактор
جانی
жеребёнок
کەر
осёл
بەران
овца
بەرخ
ягнёнок


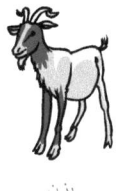

بزن

коза

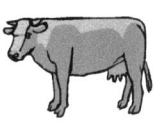

چێلەک

корова

گۆلک

телёнок

بەراز

свинья

خنزیرک

поросёнок

بۆخە

бык

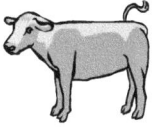

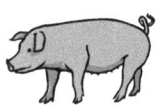

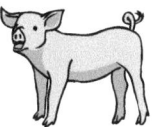

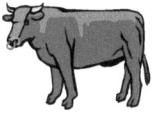

قاز

гусь

مراڧى

утка

جوروچك

цыплёнок

مريشك

курица

كملمشئر

петух

جرج

крыса

كتك

кошка

مشك

мышь

گا

вол

كووچك

собака

خانيا كووچكئ

конура

خانى باخئ

садовый шланг

قووتيكا ئاڧدانئ

лейка

شالووك

коса

گاسن

плуг

داس

серп

مەريێر

мотыга

دارساپک

навозные вилы

بفڕ

топор

دەستگەره

тачка

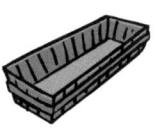

قووتى خوارنا جانداران

корыто

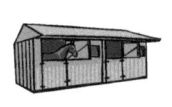

قووتى شیر

бидон для молока

توور

мешок

چپەر

забор

ناخور

хлев

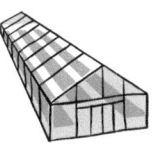

خانا کولیلکان

теплица

ناخ

почва

دەمندک

посев

پەىن

удобрение

کۆمباىن

комбайн

جزتگەه - ферма

زاد

собирать урожай

زاد

урожай

پەتەتە

ямс

گەنم

пшеница

فاسۆلى

соя

پەتەتە

картофель

دەخل

кукуруза

دندك

рапс

دارێ فێنکى

фруктовое дерево

سێقێ بن ئەردى

маниок

زاد

злаки

كولمك
دىموخود

بانى
крыша

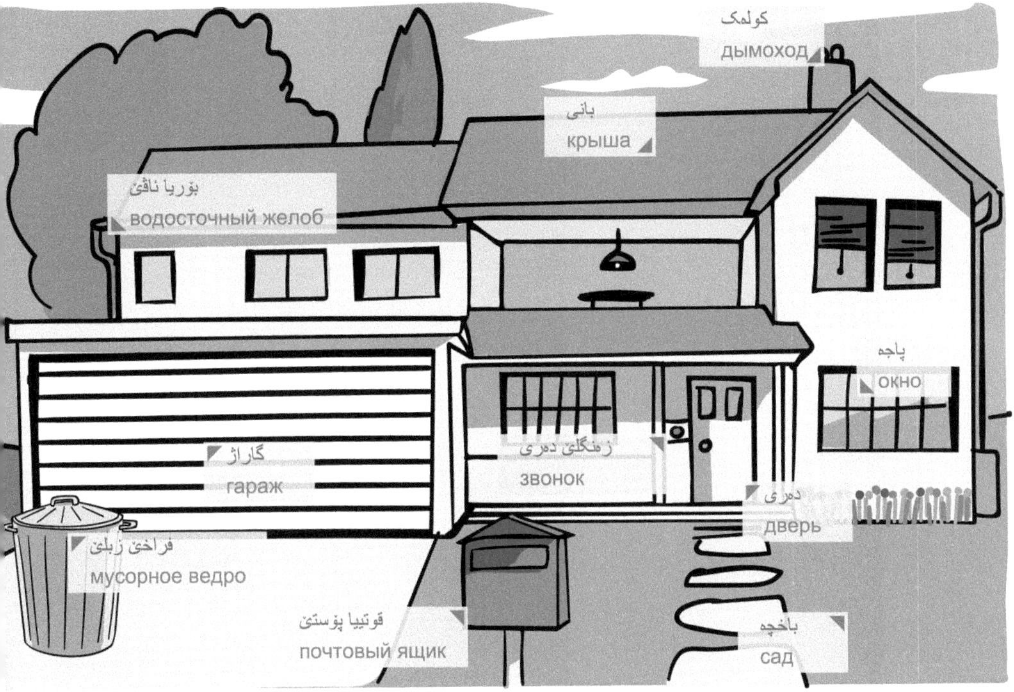

بۆريا ناڤىن
водосточный желоб

پاجە
окно

گاراژ
гараж

زەنگگلى دەرى
звонок

دەرى
дверь

فراخى زبلى
мусорное ведро

قوتييا پۆستى‌ن
почтовый ящик

باخچه
сад

نۆدا روونشتنى‌ن
гостиная

همام
ванная комната

مەتبەخ
кухня

نۆدا خەوى
спальня

نۆدهيا زارۆك
детская комната

نۆدا شيڤى‌ن
столовая

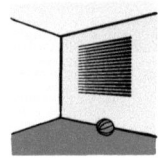

بنى
.................
пол

ديوار
.................
стена

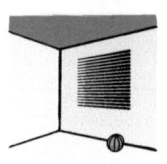

بەربان
.................
потолок

خەنزك
.................
подвал

ساونا
.................
сауна

بالكۆن
.................
балкон

بەردانك
.................
терраса

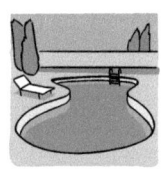

هەوزا مەلەڤانى
.................
бассейн

چيمەن بڕ
.................
газонокосилка

مەلەهەفە
.................
пододеяльник

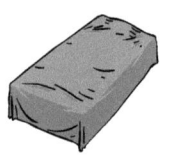

بەتانى
.................
покрывало

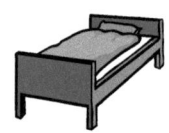

نڤين
.................
кровать

گەزك
.................
метла

ساتل
.................
ведро

كليل
.................
выключатель

كاخەزئ دىوار
**обои**

لامپا
**лампа**

وئنە
**рисунок**

رەف
**полка**

دۇلاب
**шкаф**

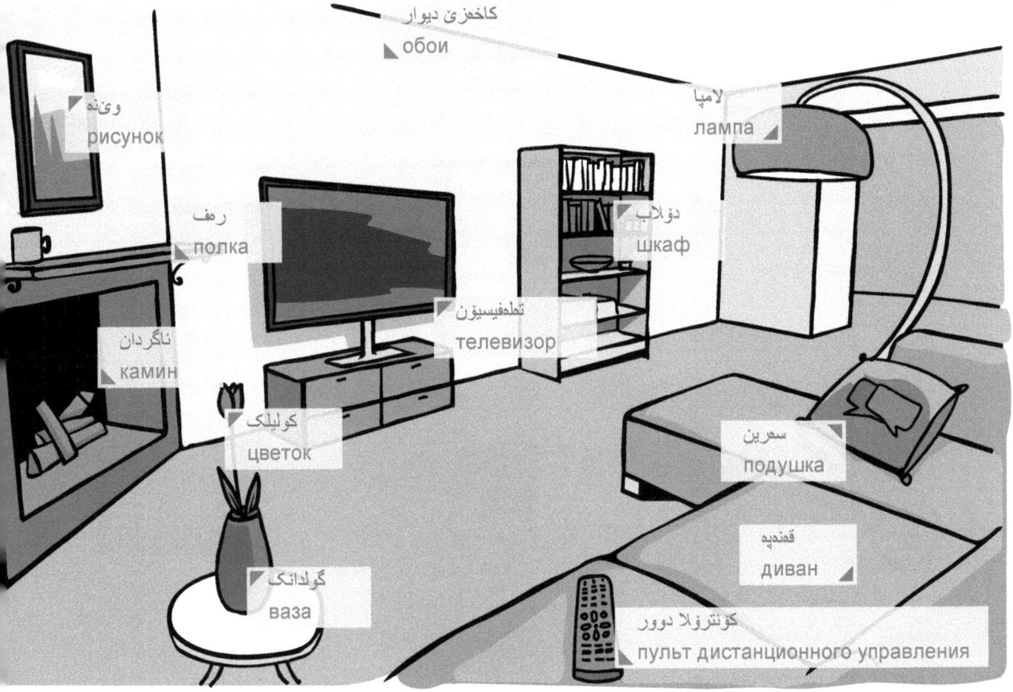

ناگردان
**камин**

تەلمەفىسىيۇن
**телевизор**

كۆلىلك
**цветок**

سەرىن
**подушка**

قەنديە
**диван**

گولداتك
**ваза**

كونترۇلا دوور
**пульт дистанционного управления**

خالىچە

ковёр

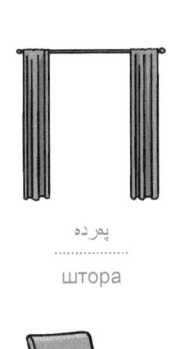

پەردە

штора

مەيز

стол

كورسى

стул

كورسيا هەژانۆك

кресло-качалка

كورسى

кресло

پرتووك

книга

بەتانى

покрывало

خەمەلاندن

украшение

ئوتۇن

дрова

فىلم

фильм

ھـف

стереосистема

كلىل

ключ

رۆژنامە

газета

نىگار

картина

پوستىر

плакат

رادىئو

радио

دەپتەر

блокнот

سقتقا نەلمەكترىكى

пылесос

كاكتوس

кактус

مۇم

свеча

# مەتبەخ

# кухня

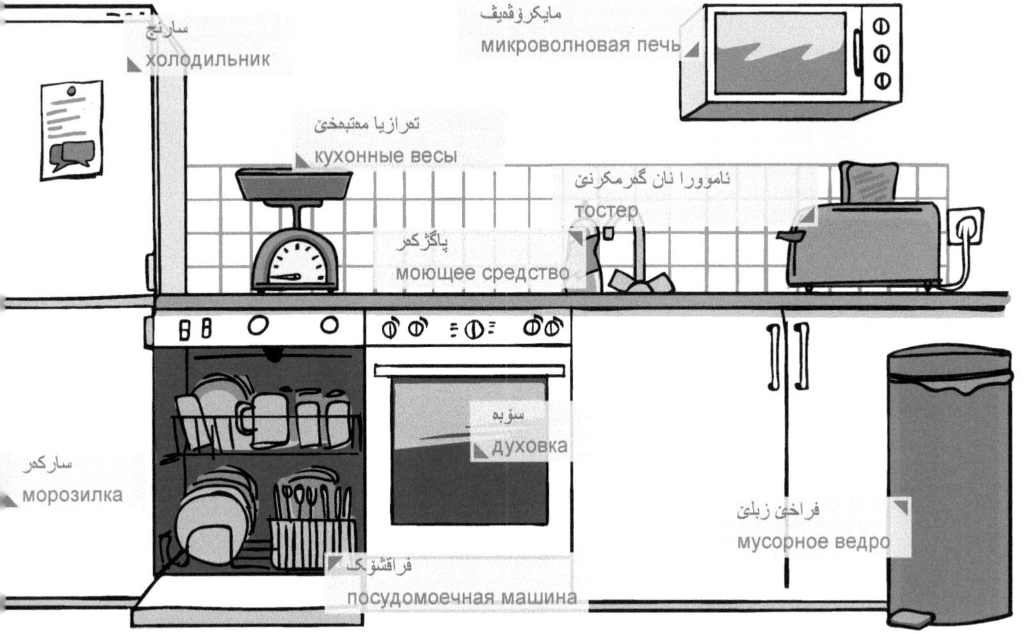

سارنج
холодильник
مایکرۆڤەیف
микроволновая печь
تەرازیا مەتبەخێ
кухонные весы
ئاموورا نان گەرمکرنێ
тостер
پاگژکەر
моющее средство
سۆبە
духовка
سارکەر
морозилка
فراخێ زبلێ
мусорное ведро
فراقشۆک
посудомоечная машина


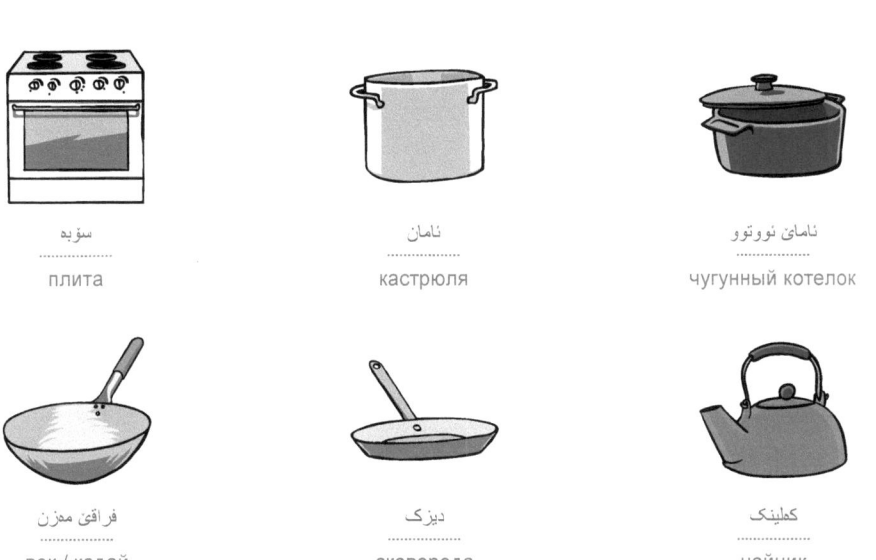

سۆبە

плита

ئامان

кастрюля

ئامای ئووتوو

чугунный котелок

فراقێ مەزن

вок / кадай

دیزک

сковорода

کەلینک

чайник

فراقئ هلمئ

پاروارکا

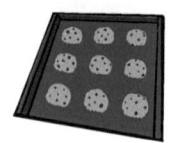

سئنى نانئ

противень

فراق

посуда

پیاله

кружка

کاسک

миска

دارئ نانخوارن

палочки для еды

هسسک

половник

کهڤچیا مهزن

лопатка

رینمک

сбивалка

کهڤگیر

сито

بوئژنگ

сито

رئشکهر

тёрка

دهستار

ступка

براشتن

гриль

ناگرئ ڤالا

костёр

تەختەیا برینێ

доска

داركێ تێرێ

скалка

دەفک بادەک

штопор

قووتی

жестяная банка

قووتیقەمكر

консервный нож

جاوی ئامانان

прихватка

دەستشۆ

раковина

فرچە

щетка

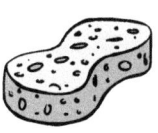

پارازۆا

губка

تەفدێرێ

миксер

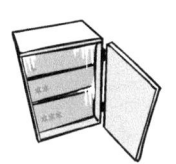

سارکەرێ جەمەدی

морозильная камера

شووشه بەبكان

бутылочка для кормления

هەنەفی

кран

# ھەمام

## ванная комната

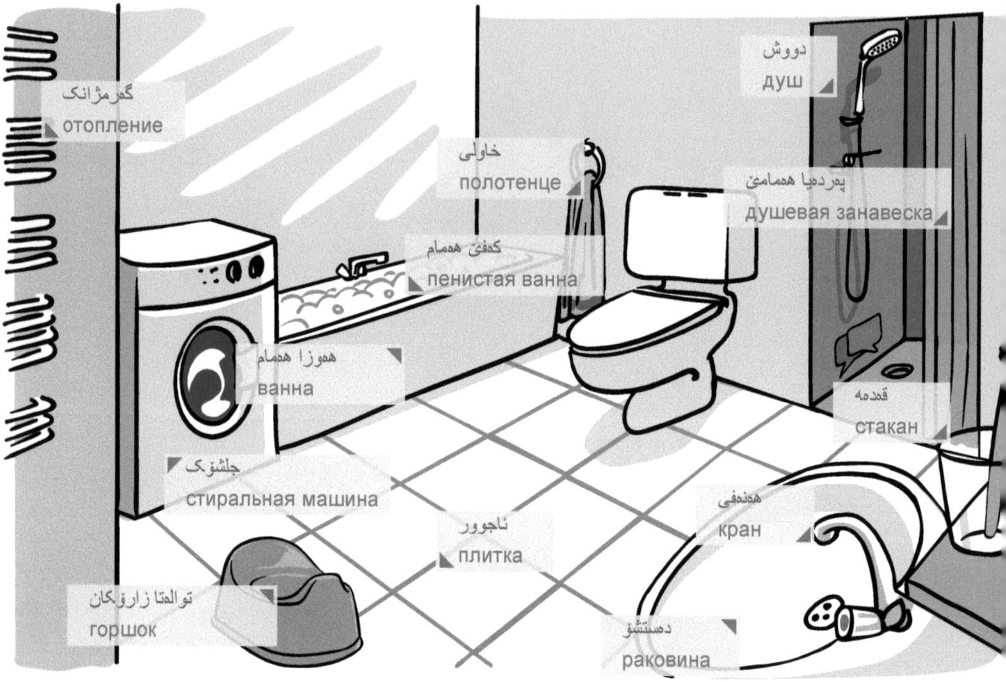

گەرمژانک
отопление
خاولی
полотенце
دووش
душ
پەردەیا ھەمامئ
душевая занавеска
كەفئ ھەمام
пенистая ванна
ھەوزا ھەمام
ванна
قەدەھ
стакан
جلشۆک
стиральная машина
ئاجوور
плитка
ھەنەفی
кран
تۋالەتا زارۋكان
горшок
دەستشۆ
раковина


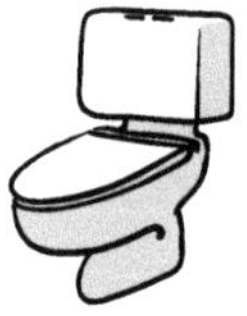

تۋالەت

туалет

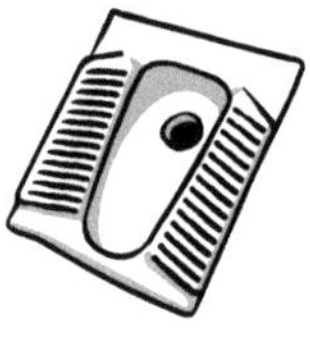

تۋالەتا ئەردێ

напольный унитаз

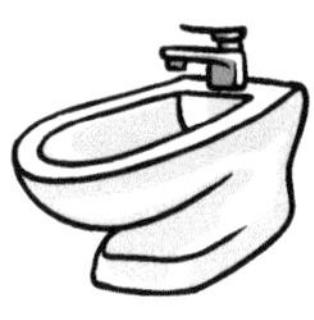

تۋالەت

биде

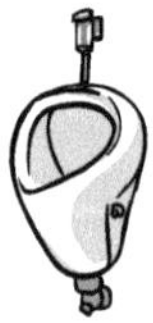

ئاۋدەستخانا مێران

писсуар

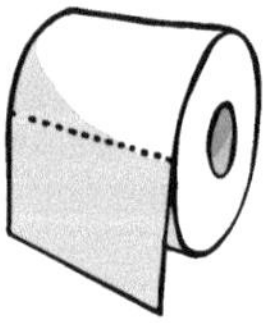

كاغەزا تۋالەت

туалетная бумага

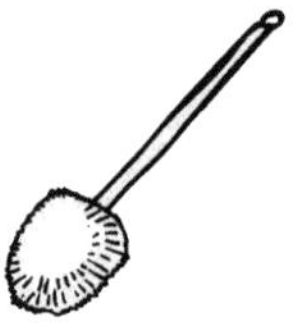

فرشەیا تۋالەت

ершик

فرچبا دران

زубная щетка

ممجوونا دران

зубная паста

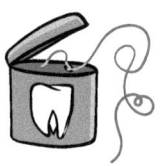

نمخا ددان

зубная нить

شووشتن

мыть

دووشێ دەستێ

ручной душ

دووش

интимный душ

دەستشۆ

таз

فرچا پشت

щетка для спины

سابوون

мыло

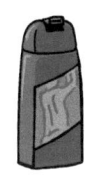

جێڵێ هەمام

гель для душа

شامپۆ

шампунь

فانیلە

мочалка

زێڕاب

сток

کرێم

крем

بێهن خوشکر

дезодорант

مريَّک

зеркало

مريَّکا دهستئ

ручное зеркало

گووزان

бритва

کهفئ تهراشينئ

пена для бритья

مهجوونا پشتئ تهراشينئ

лосьон после бритья

شه

расческа

فرچه

щетка

پژور هيشككر

фен

سپرايا پژرئ

лак для волос

کوزمهتيک

косметика

سۆرافک

губная помада

رهنگئ نينۆک

лак для ногтей

پهمبوو

вата

محقسستا نينۆک

маникюрные ножницы

پارفووم

духи

چەوالئ هەمامئ
.................
косметичка

کورسیا بێنیشت
.................
табуретка

تەرازی
.................
весы

کنجا هەمامئ
.................
халат

لپکا لاستیکئ
.................
резиновые перчатки

تامپۆن
.................
тампон

خاولیا پاقژکرنئ
.................
гиеническая прокладка

توالەتا کیمییەوی
.................
биотуалет

# ئۆدەیا زارۆک

# детская комната

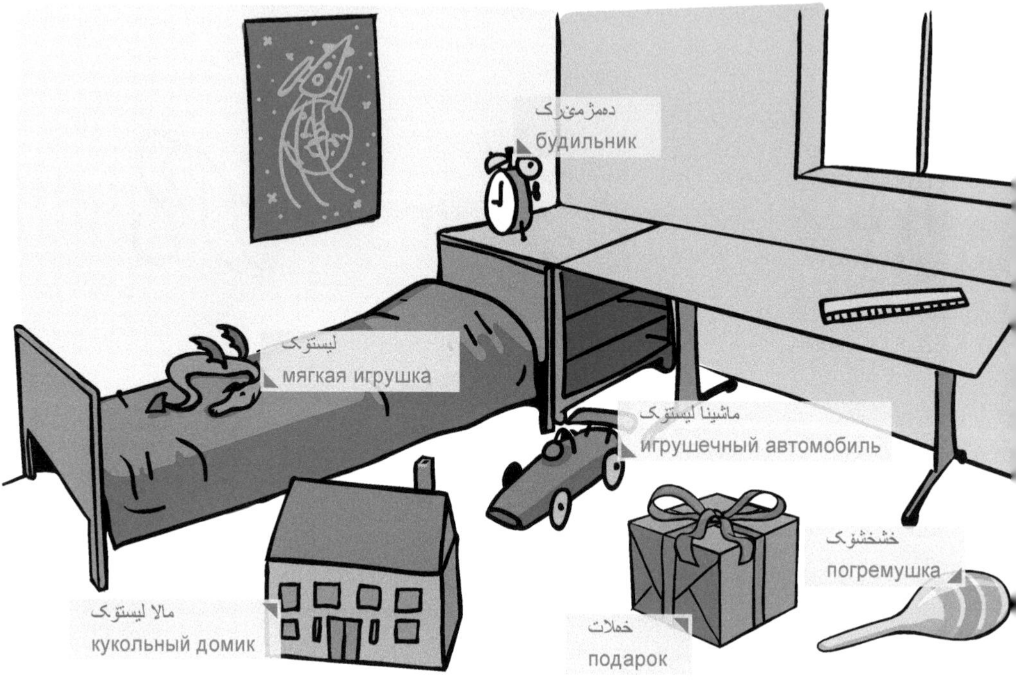

دەمژمێرک
будильник
لیستۆک
мягкая игрушка
ماشینا لیستۆک
игрушечный автомобиль
خشخشۆک
погремушка
مالا لیستۆک
кукольный домик
خەلات
подарок


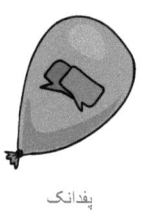

پفدانک

.................

воздушный шар

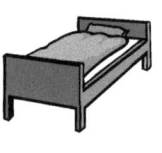

نڤین

.................

кровать

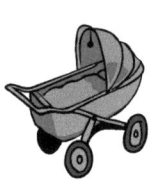

کۆچک

.................

детская коляска

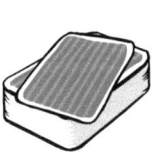

لیستکا کارتێ

.................

карточная игра

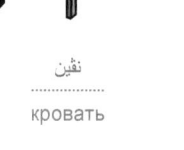

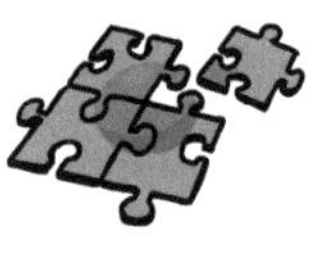

فریزبی

.................

пазл

SUPER MEGA


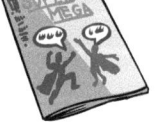

کۆمیک

.................

комикс

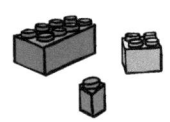

ناجوورا لئگۆ

کیرپیچیکی Лего

ناجوورا لیستۆک

кубики

بووکە شووشە

игрушечная фигурка

کنجا بەبکان

ползунки

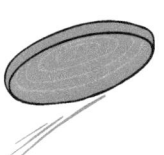

فرزبی

фрисби

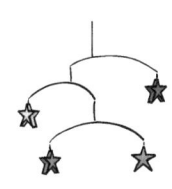

قمگۆ هستن

мобиле

لیستکۆین تەختە

настольная игра

مۆر

кубик

مۆدێلا ترێنێ

модель железной дороги

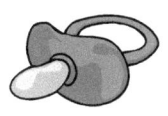

مەمک

соска

جەژن

вечеринка

کتێبا وێنە

книга с картинками

تۆپ

мяч

بووکەد شووشە

кукла

لەییستن

играть

كونا خيزى

песочница

جۆلانه

качели

ليستوكان

игрушка

ليستكا ڤيدۇيى

игровая приставка

سىنچەرخە

трёхколесный велосипед

هەرچا ليستۆك

плюшевый медвежонок

جلدانک

шкаф для одежды

## одежда

گۆره

носки

گۆره

чулки

دەرپىگۆرى

колготки

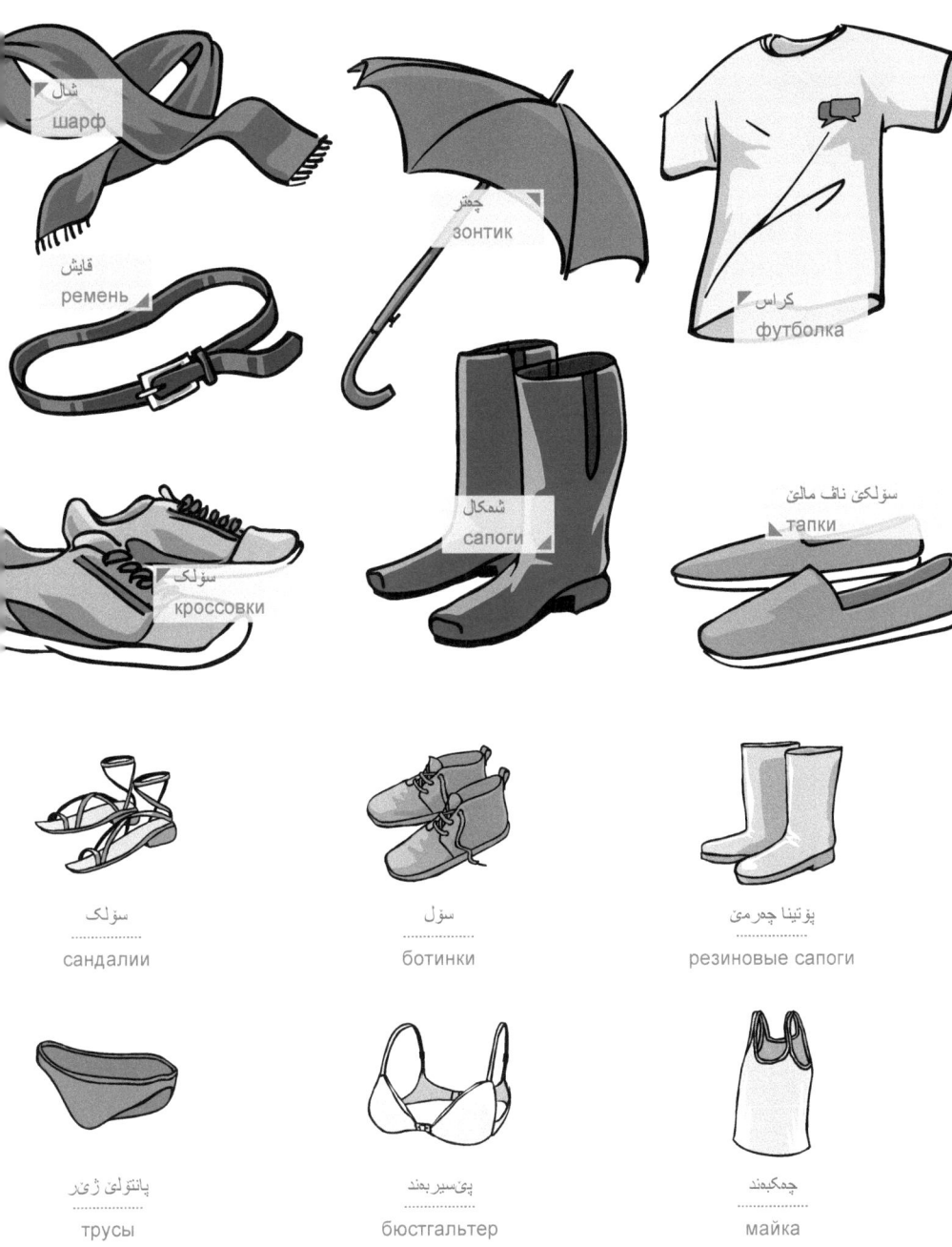

شال
шарф

قايش
ремень

چەتر
зонтик

كراس
футболка

شەمكال
сапоги

سۆلكىن ناڧ مالئ
тапки

سۆلك
кроссовки

سۆلك
сандалии

سۆل
ботинки

پۆتىنا چەرمىن
резиновые сапоги

پانتۆلى ژێر
трусы

پێسىربەند
бюстгальтер

چەمكىبەند
майка

جﻪﻧﺪﻩﻣﻚ

боди

پانتۆل

брюки

ژﻣﺎﻧﺲ

джинсы

دامان

юбка

كراس

блузка

كراس

рубашка

فانىﻟﻪ

свитер

فانىﻟﻪ

свитер

جاكىﺖ

спортивная куртка

ساكۆ

жакет

چاكﻪﺖ

пальто

بارانى

плащ

لﻪﺑﺎﺱ

костюм

فىﺴﺘﺎﻥ

платье

جلىﺋ داوﻩﺗﻰﺋ

свадебное платье

چاكيت

мужской костюм

پیۆنجامە

ночная сорочка

پیۆجامە

пижама

سارى

сари

لەچك

платок

میۆزەر

тюрбан

هیۆرام

паранджа

كافتان

кафтан

ئەبا

абайя

كەنجا ناژنیۆکرن

купальник

جلكا مەلەڤانی

плавки

شۆرت

шорты

جلا هیۆقۆژكاری

спортивный костюм

پیۆشمال

фартук

لەچك

перчатки

دووگمه
.............
пуговица

بەرچاڤك
.............
очки

بازن
.............
браслет

گەردەنی
.............
цепочка

گوستیل
.............
кольцо

گۆهارك
.............
серьга

دەفك
.............
шапка

هلاڤستمك
.............
вешалка

كووم
.............
шляпа

كراوات
.............
галстук

زیپ
.............
застежка молния

سەرپارێز
.............
шлем

دەرزی
.............
подтяжки

كنجا دبستانێ
.............
школьная форма

یوونیفۆرم
.............
форма

بەردلک

детский нагрудник

مەمەك

соска

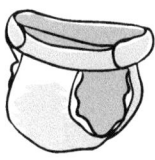

پونداخ

подгузник

---

## ئوّفيس
## офис

پىٔشكەشكەر
сервер

دۆلابئ بەلگە
канцелярский шкаф

چاپەر
принтер

نىٔشاندەر
монитор

كاخەز
бумага

مايبە
письменный стол

مىٔشك
мышь

دەفتەر
папка

كلاۋىٔە
клавиатура

كورسى
стул

سەۋەتا كاخەزئ
корзина для бумаг

كوّمپيوّتەر
компьютер

كاسكا قەھۋە

кофейная кружка

ھەسابكەر

калькулятор

ئىٔنتىرنەت

интернет

كومپيوتېرا لاپتوپ
.................
ноутбук

نامە
.................
письмо

پەيام
.................
сообщение

تەلەفونا مۆبيل
.................
мобильный телефон

تۆر
.................
сеть

مەكينا فۆتوكۆپى
.................
ксерокс

سۆفتوارە
.................
программа

تەلەفۆن
.................
телефон

سۆجكەتا فيشمەك
.................
розетка

مەكينا فاخئ
.................
факс

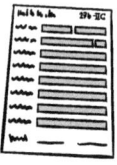

فۆرم
.................
формуляр

بەلگە
.................
документ

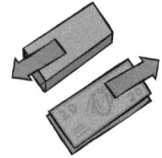

كرين

покупать

پەرە دان

платить

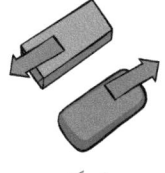

بازرگانى

торговать

پەرە

деньги

دۆلار

доллар

يۆرۆ

евро

يمنئ ژاپۆنئ

иена

رۆبلئ رووسى

рубль

فرانكئ سويىسئ

франк

يوانئ چينئ

жэньминьби юань

رووپئ هندى

рупия

مەكينا ژخوەبەرا دراڤ

банкомат

ئۆفىسا پەرە قەدگو ھارتنى

пункт обмена валюты

زێڕ

золото

زیڤ

серебро

نەفت

нефть

وزە

энергия

بھا

цена

پەیمان

договор

تاخ

налог

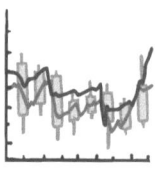

سەھام

акция

كاركرن

работать

كاركەر

служащий

كاردا

работодатель

فابرىكا

фабрика

دكان

магазин

# پرۆفەسیۆن
# профессии

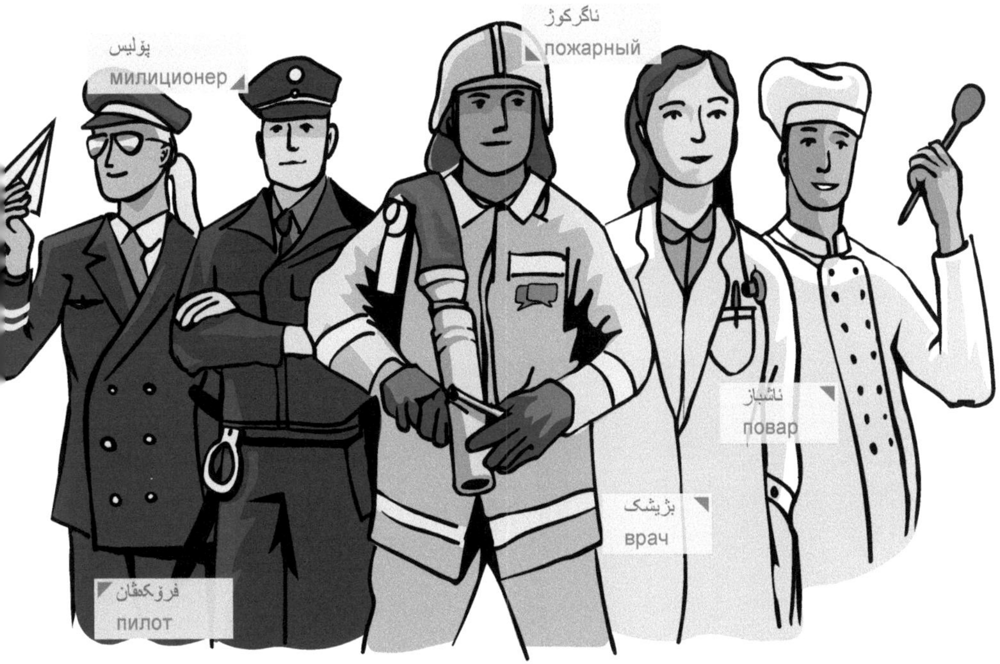
پۆلیس
милиционер
ئاگرکوژ
пожарный
ئاشباز
повар
بژیشک
врач
فرۆکەڤان
пилот

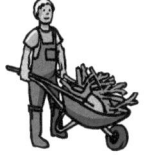

باخچەڤان

садовник

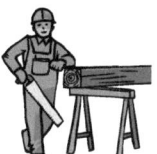

نەجار

столяр

دروونڤان

швея

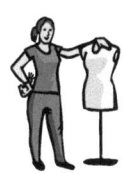

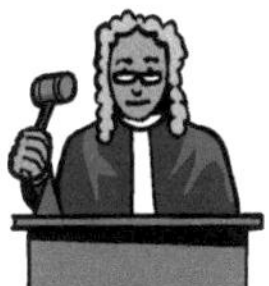

هاکم

судья

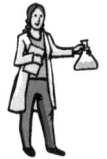

شیمیازان

химик

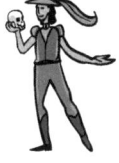

شانۆگەر

актёр

شوفىرى باسى

водитель автобуса

شوفىرمكى تاكسىى

таксист

ماسىقان

рыбак

پاگىزكەر

уборщица

چەىكرى بانى

кровельщик

بەركار

официант

نەىچرقان

охотник

رەڭگەرىس

художник

نانپىژ

пекарь

كارەباقان

электрик

ناقاكەر

строитель

ئەنەندزيار

инженер

قەساب

мясник

لوولەمكار

сантехник

پوستەقان

почтальон

نمسكەر

солдат

میمار

архитектор

دراۋگر

кассир

فرۆتكارا چیچمكان

флорист

پۆرچنكەر

парикмахер

ناژۋان

кондуктор

مەكانیك

механик

كەشتیۋان

капитан

پزیشكا ددانان

зубной врач

زانستیار

ученый

رووهان

раввин

ئیمام

имам

كەشە

монах

كەشیش

священник

# ئـامووران

# инструменты

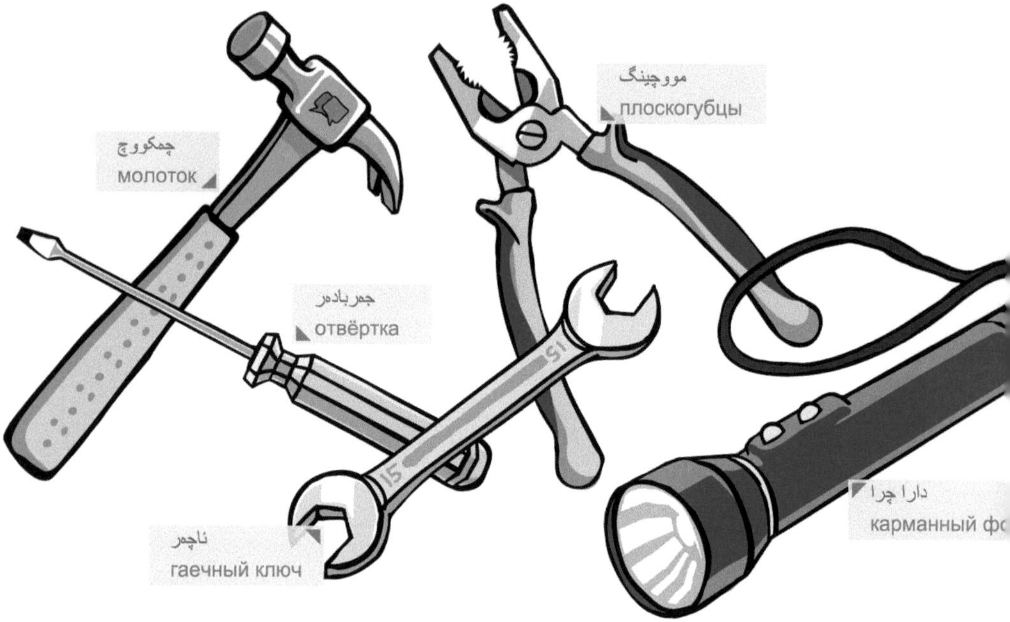

چەكووچ
молоток
مووچينگ
плоскогубцы
جەربادەر
отвёртка
ئاچەر
гаечный ключ
دارا چرا
карманный фо


شۆفەل

экскаватор

قووتيا ئامووران

ящик для инструментов

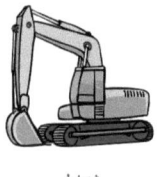

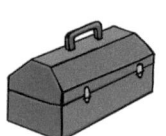

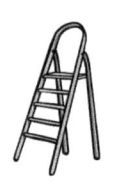

پەيژە

стремянка

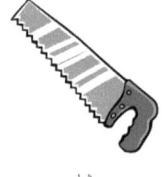

مشار

пила

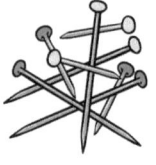

ميخ

гвозди

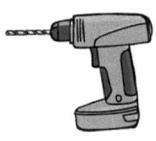

قولكرن

дрель

چێکرن
ремонтировать

مەربێر
лопата

نالمت!
Блин!

بێل
совок

قووتيا رەنگێ
ведро с краской

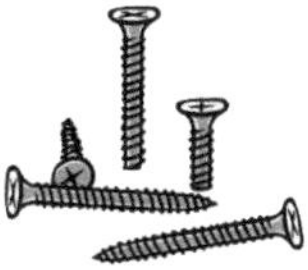

جمر
винты

---

## ئامووریٚن مووزیکیٚ

## музыкальные инструменты

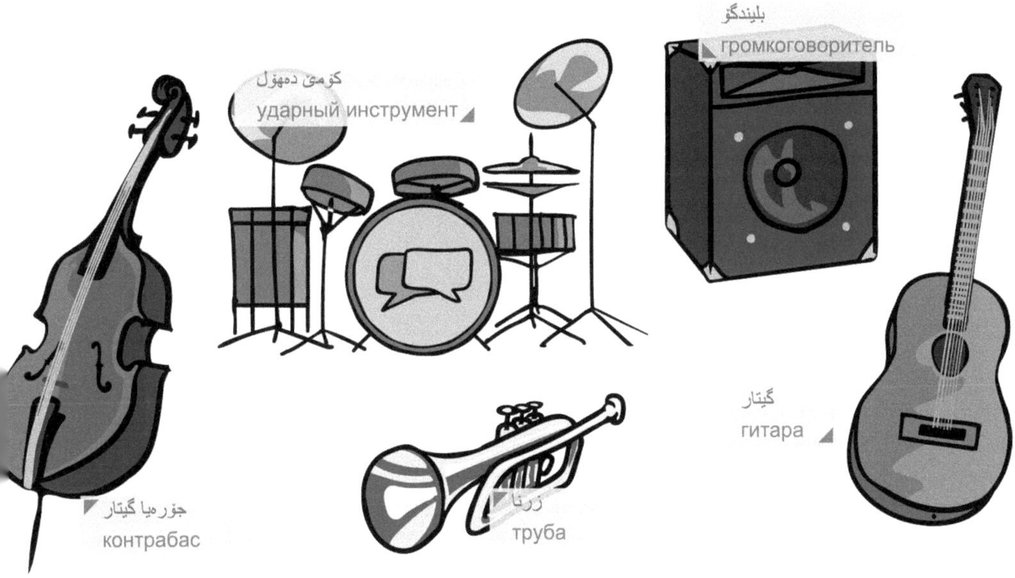

---

بلیندگۆ
громкоговоритель

کۆمێ دەهۆل
ударный инструмент ◄

گیتار
гитара ◄

جۆرميا گیتار
контрабас

زرنا
труба

پیانو

пианино

ڤیۆلین

скрипка

باس

бас-гитара

دەمهۆل

литавры

داهۆل

барабан

کیبیۆرارد

синтезатор

ساکسۆفۆن

саксофон

بلوور

флейта

میکرۆفۆن

микрофон

# باخچا هەیوانان

# зоопарк

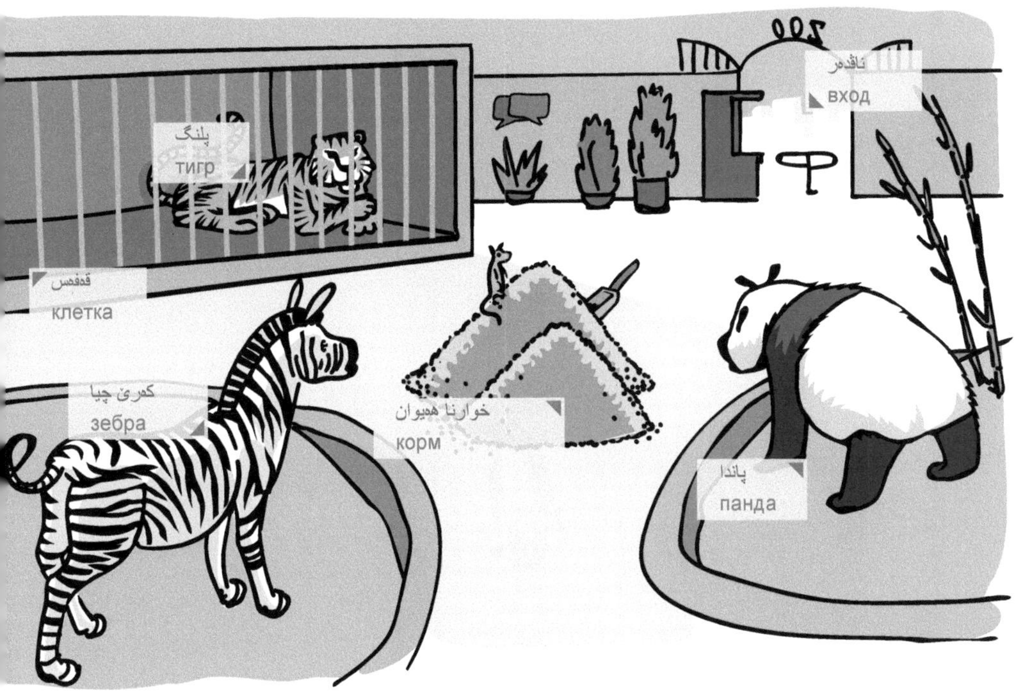
ناڤدەر
вход
پلنگ
тигр
قەفەس
клетка
کەرێ چیا
зебра
خوارنا هەیوان
корм
پاندا
панда

هەیوان

животные

فیل

слон

کانگاروو

кенгуру

کەرکەدەن

носорог

گۆریل

горилла

هرچ

медведь

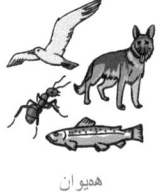

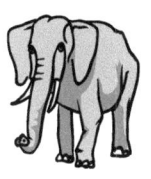

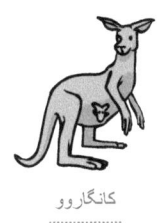

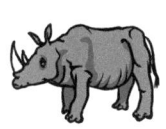

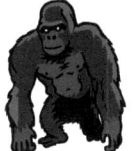

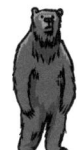

هێشتر

верблюд

هێشترمه

страус

شێر

лев

مه‌یموون

обезьяна

فلامینگۆ

фламинго

پاپاخان

попугай

هرچا جه‌مسه‌ری

белый медведь

په‌نگوین

пингвин

سه‌ماسی

акула

تاووس

павлин

مار

змея

تمساح

крокодил

پارێزه‌ر باخچا ئاژه‌لان

служитель зоопарка

سه‌یا ده‌ریا

тюлень

پلنگ

ягуар

باخچا هه‌یوانان - зоопарк

هەسپ

پونی

پلنگ

леопард

هەسپی روووبار

бегемот

جانەوەرشتر

жираф

هەڵۆ

орёл

بەرازی کێوی

кабан

ماسی

рыба

کووسی

черепаха

والراس

морж

رێوی

лиса

خەزال

газель

# спорт

فووتبۆلئ نامەریکا
американский футбол

بسکلێتان
езда на велосипеде

تەننیس
теннис

باسکێتبۆل
баскетбол

ئاڤڕمنیکرن
плавание

بۆخنگ
бокс

هۆکەیا سەر جەمەدێ
хоккей

فووتبۆل
футбол

بادمنتۆن
бадминтон

یئ ناتلەتیزمێ
лёгкая атлетика

هەندبۆل
гандбол

بەفراژۆتن
лыжный спорт

پۆلۆ
поло

# چالاکیان

## действия

هلپەکە
прыгать
کەنین
смеяться
هەمبێز
обнимать
بریَڤەچوون
идти
لاوژە گوتن
петь
خەون دیتن
мечтать
نمێژ کرن
молиться
ماچکرن
целовать

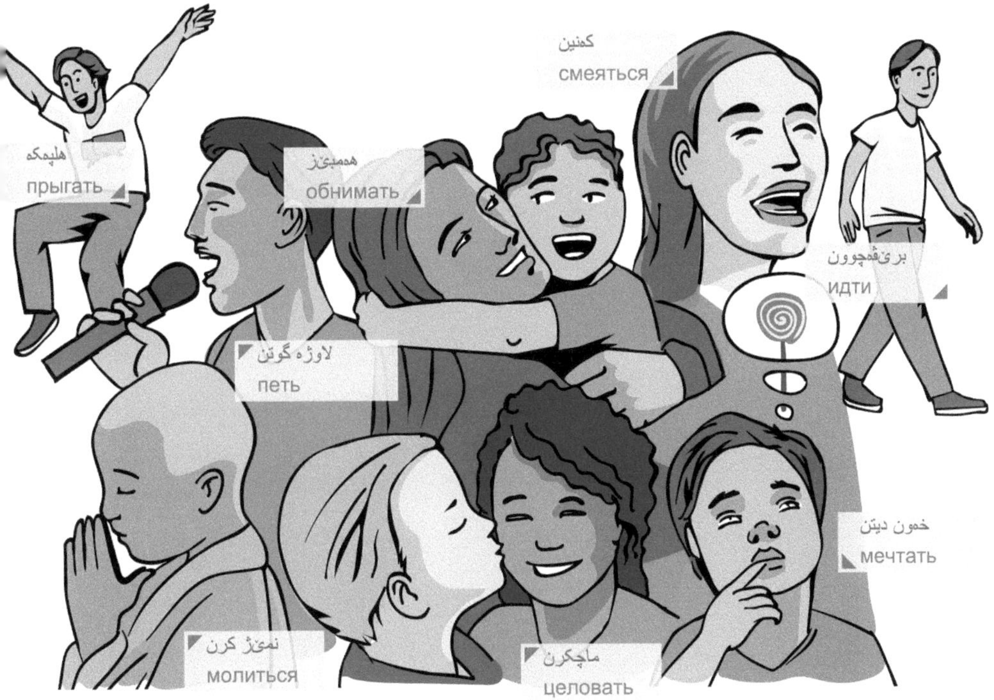

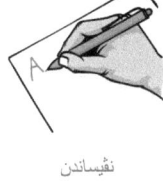

نڤیساندن

писать

نیگار کێشان

рисовать

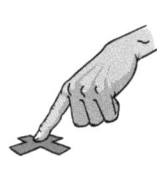

نیشان دان

показывать

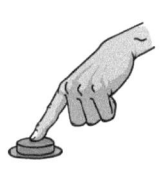

پالدان

нажимать

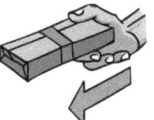

داییِن

давать

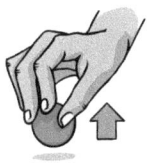

راکرن

брать

همبين

.............

иметь

كرن

.............

делать

بوون

.............

быть

سمكنين

.............

стоять

باز دان

.............

бежать

كشاندن

.............

тянуть

ناڤژتن

.............

бросать

كمتن

.............

падать

دەرمو كرن

.............

лежать

سمكنين

.............

ждать

گوهئزتن

.............

носить

روونشتن

.............

сидеть

جل بەركرن

.............

надевать

رازان

.............

спать

رابوون

.............

просыпаться

مێژه كرن
..................
рассматривать

گرين
..................
плакать

جەلتە
..................
гладить

شه كرن
..................
причесывать

پەيڤين
..................
говорить

فامكرن
..................
понимать

پرسكرن
..................
спрашивать

بهيستن
..................
слушать

ڤەخوارن
..................
пить

خوارن
..................
кушать

كۆم كرن
..................
наводить порядок

هەزكرن
..................
любить

خوارن چێكرن
..................
готовить

ئاژۆتن
..................
ехать

فرين
..................
летать

كەشتىتىقانى

ходить под парусом

ھەسپباندن

считать

خواندن

читать

ھینبوون

учиться

كاركرن

работать

زەوجین

вступать в брак

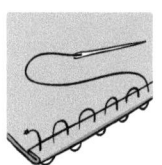

درووتن

шить

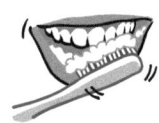

ددان شووتن

чистить зубы

كوشتن

убивать

دووخان

курить

شاندن

отправлять

داپیر
бабушка

باپیر
дедушка

باپ
папа

دئ
мама

بمیمگ
младенец

کمچ
дочь

کور
сын

مېلمۀن
гость

مۀت
тетя

ناپ/خال
дядя

ورا
брат

خوشل
сестра

# بەدەن

## тело

ئەنی
лоб
چاڤ
глаз
روو
лицо
زەنی
подбородок
سینگ
грудь
تلی
палец
دەست
кисть
پیل
рука
مل
плечо
لنگ
нога

بەبەک

младенец

مێر

мужчина

ژن

женщина

کەچ

девочка

کۆڕ

мальчик

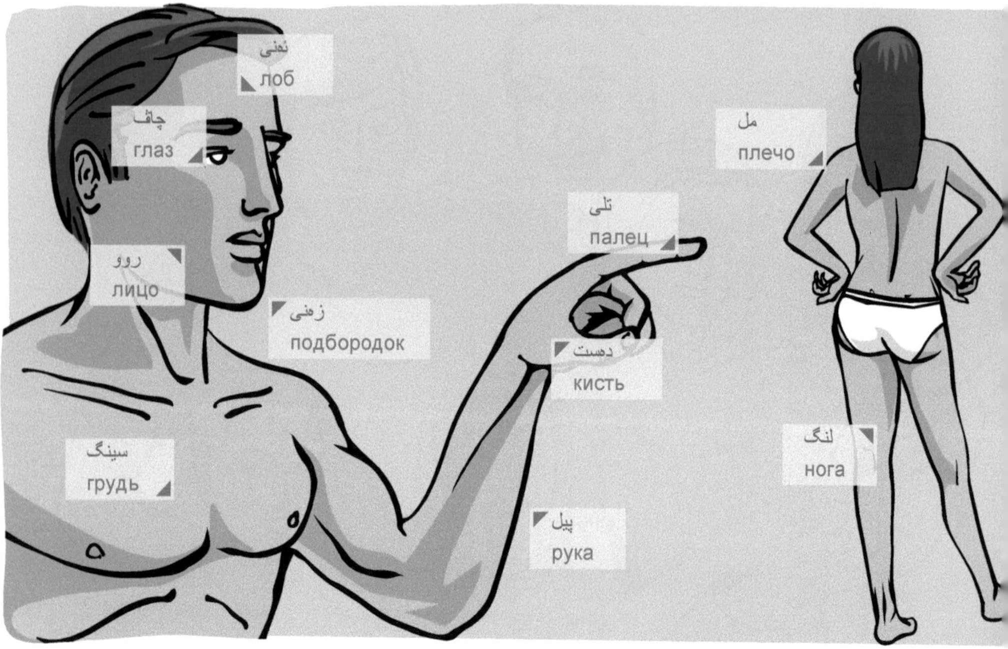

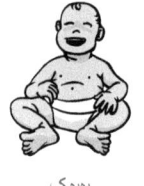

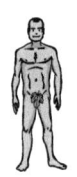

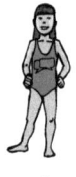

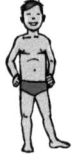

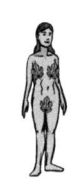

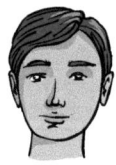

سەر

голова

پِشت

спина

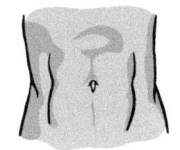

زګ

живот

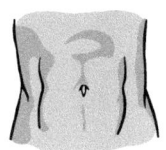

ناف

пупок

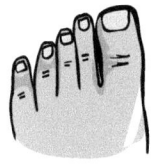

تلیپی

палец ноги

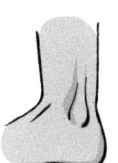

پانی

пятка

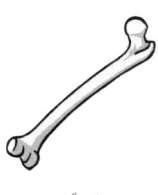

هسته

кость

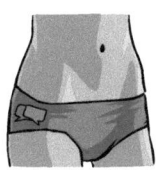

کوولیممک

бедро

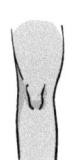

ژوونی

колено

ئنیشک

локоть

دفن

нос

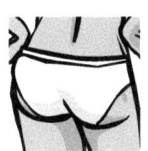

قوون

ягодицы

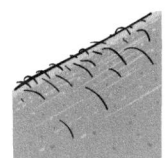

چرم

кожа

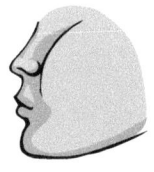

روو

щека

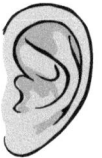

گوه

ухо

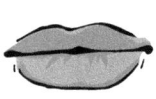

لیف

губа

دەف
.............
рот

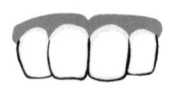

دران
.............
зуб

زمان
.............
язык

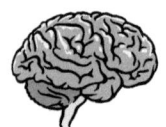

مێژی
.............
мозг

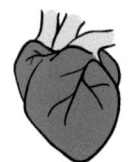

دل
.............
сердце

ماسوول
.............
мышца

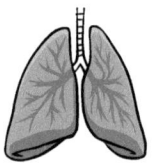

جیگەرا سپی
.............
лёгкое

جەگەر
.............
печень

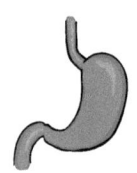

ماده
.............
желудок

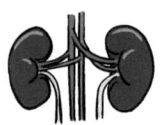

گورچکان
.............
почки

جۆتبوون
.............
половой акт

کۆندۆم
.............
презерватив

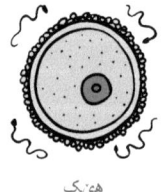

هێک
.............
яйцеклетка

تۆڤ
.............
сперма

دووجانی
.............
беременность

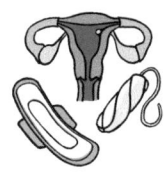

ناده

..............

менструация

قووز

..............

вагина

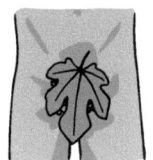

كير

..............

пенис

برِوو

..............

бровь

پۆر

..............

волосы

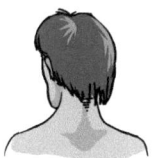

هووستّوو

..............

шея

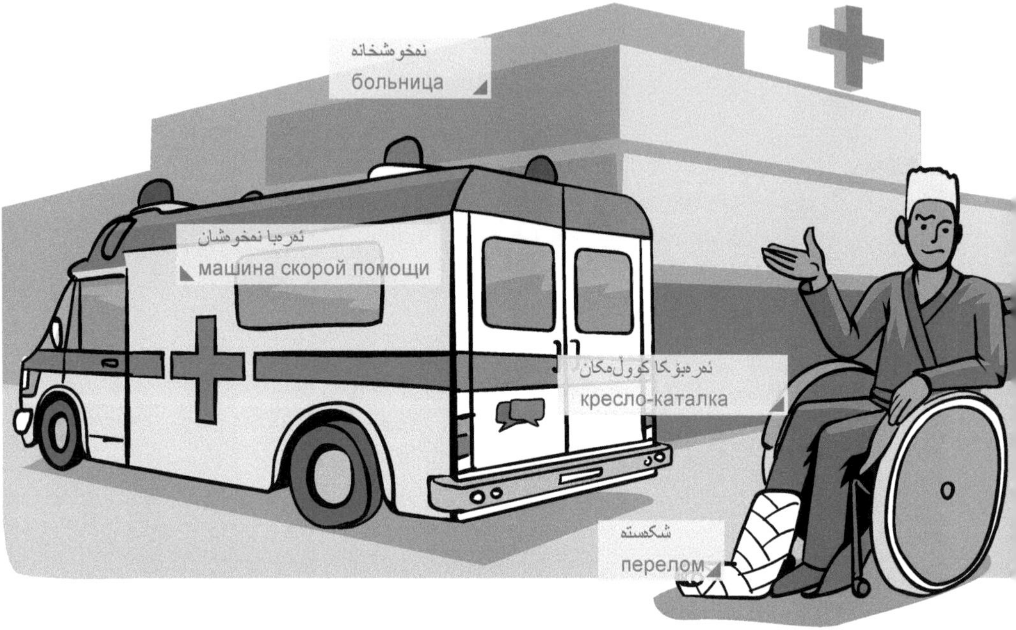

# نەخوەشخانە
# больница

نەخوەشخانە
больница
ئەرەبا نەخوەشان
машина скорой помощи
ئەرەبۆکا کووڵەکان
кресло-каталка
شکەستە
перелом

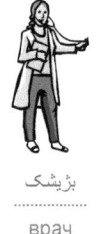

بژیشک

врач

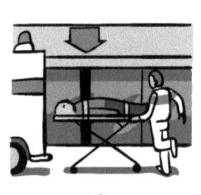

ئۆدا لەزگینێ

пункт первой помощи

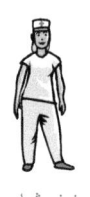

نەخوەشیار

медсестра

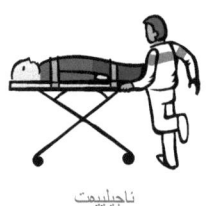

ناجیلییەت

неотложный случай

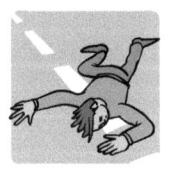

بێهای

без сознания

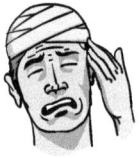

ئێش

боль

برين

повреждение

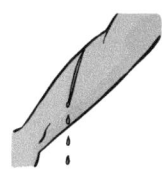

خوينپژان

кровотечение

هێرشا دلی

инфаркт

جەلتە

инсульт

ئالەرژی

аллергия

کوخک

кашель

تا

вышенная температура

زکام

грипп

ناڤچووین

понос

سەرێش

головная боль

قانسێر

рак

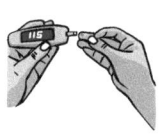

نەخوشیا شەکری

диабет

نەمەلیکار

хирург

سکالپێل

скальпель

نەمەلی

операция

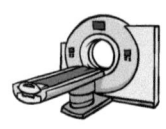

جت

КТ

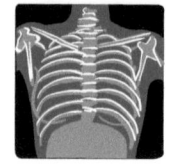

سوورەتنى رۆنتگېن

рентген

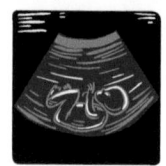

ئۇلترا ساۋاند

ультразвук

ماسكىن رووپىنى

маска

نەخوشى

болезнь

ئۆزدا سمكنىنى

приёмная

گۆچان

костыль

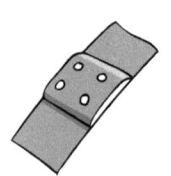

شېل

пластырь

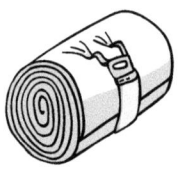

پاچى برىنپىچانى

бинт

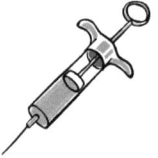

دەرزى

укол

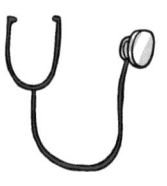

بىستۇكا پزىشكى

стетоскоп

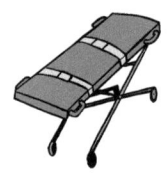

دارىبەست

носилки

تېرمومىتا كلىنىكى

термометр

زايىن

рождение

قەملوو

избыточный вес

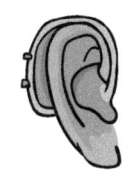

ناليكاريا بهيستنئ

слуховой аппарат

باكتەريكوژ

дезинфекционное
средство

كۆتبيوون

инфекция

ڤيرووس

вирус

هڤ / نادس

ВИЧ / СПИД

دەرمان

лекарство

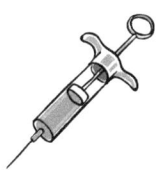

كوتان

прививка

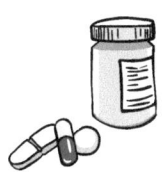

هەبان

таблетки

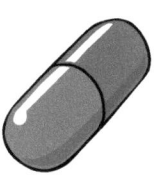

هەب

противозачаточная
таблетка

لەزگين

экстренный вызов

ديمەندەرى پەستۆ خوين

прибор для измерения
кровяного давления

نەخوەش / ساخ

больной / здоровый

هدوار!

نالارم

ئۆنرىش

Помогите!

сигнал тревоги

нападение

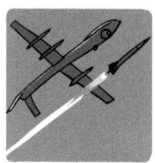

ئۆنرىشكرن

تالووك

دەركەتنا ناجل

атака

опасность

запасной выход

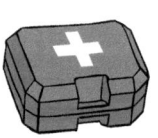

ناگر!

ناگر فەمراندنئ

قەزا

Пожар!

огнетушитель

несчастный случай

نالەتێن ناليكاريا يەكەم

سۆس

پۆليس

аптечка

SOS

милиция

ئەورۆپا
.................
Европа

نامەریکایا باکوور
.................
Северная Америка

نامەریکایا باشوور
.................
Южная Америка

نافریکا
.................
Африка

ناسیا
.................
Азия

ناووسترالیا
.................
Австралия

ناتلانتیک
.................
Атлантический океан

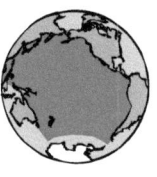

ئۆكیانووسا مەزن
.................
Тихий океан

ئۆكیانووسا هندی
.................
Индийский океан

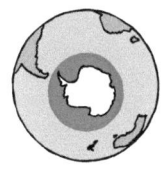

ئۆكیانووسا نانتاركتیكا
.................
Антарктический океан

ئۆكیانووسا ناركتیك
.................
Северный Ледовитый
океан

جەمسەرا باكوور
.................
Северный полюс

جەمسەرى باشوور
......................
Южный полюс

ئانتاركتىكا
......................
Антарктика

ئەرد
......................
земля

خان
......................
суша

بەھر
......................
море

دوورگە
......................
остров

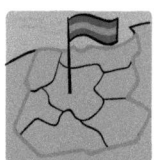

مىللەت
......................
нация

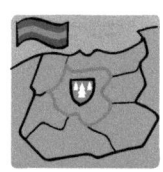

ۋىلات
......................
государство

روويئ ساهت
..........
циферблат

نشاندرکا دهمژ میئر
..........
часовая стрелка

نشاندرکا دهقد
..........
минутная стрелка

نشاندرکا سانیه
..........
секундная стрелка

سوئنت چهنده؟
..........
Который час?

روژ
..........
день

دمد
..........
время

نها
..........
сейчас

ساهتئ دجیتال
..........
электронные часы

دهقد
..........
минута

سوئنت
..........
час

دووشەم
понедельник

چارشەم
среда

يذ/ھەينى
пятница

سىشەم
вторник

TU

TH
شەمى
суббота

SA

SO

پىنجشەم
четверг

يەكشەم
воскресенье

---

دوه
.....
вчера

ئیرۆ
.....
сегодня

سبەى
.....
завтра

---

سبە
.....
утро

نیڤرۆ
.....
полдень

ئىڤار
.....
вечер

---

| MO | TU | WE | TH | FR | SA | SU |
|----|----|----|----|----|----|----|
| 1 | 2 | 3 | 4 | 5 | 6 | 7 |
| 8 | 9 | 10 | 11 | 12 | 13 | 14 |
| 15 | 16 | 17 | 18 | 19 | 20 | 21 |
| 22 | 23 | 24 | 25 | 26 | 27 | 28 |
| 29 | 30 | 31 | 1 | 2 | 3 | 4 |

رۆژئن کارئ
.....
рабочие дни

| MO | TU | WE | TH | FR | SA | SU |
|----|----|----|----|----|----|----|
| 1 | 2 | 3 | 4 | 5 | 6 | 7 |
| 8 | 9 | 10 | 11 | 12 | 13 | 14 |
| 15 | 16 | 17 | 18 | 19 | 20 | 21 |
| 22 | 23 | 24 | 25 | 26 | 27 | 28 |
| 29 | 30 | 31 | 1 | 2 | 3 | 4 |

داویا هەفتە
.....
выходные

---

# سال

# год

باران
дождь
کەسکەسۆر
радуга
با
ветер
بەفر
снег
بهار
весна
هاڤین
лето
پاییز
осень
زڤستان
зима

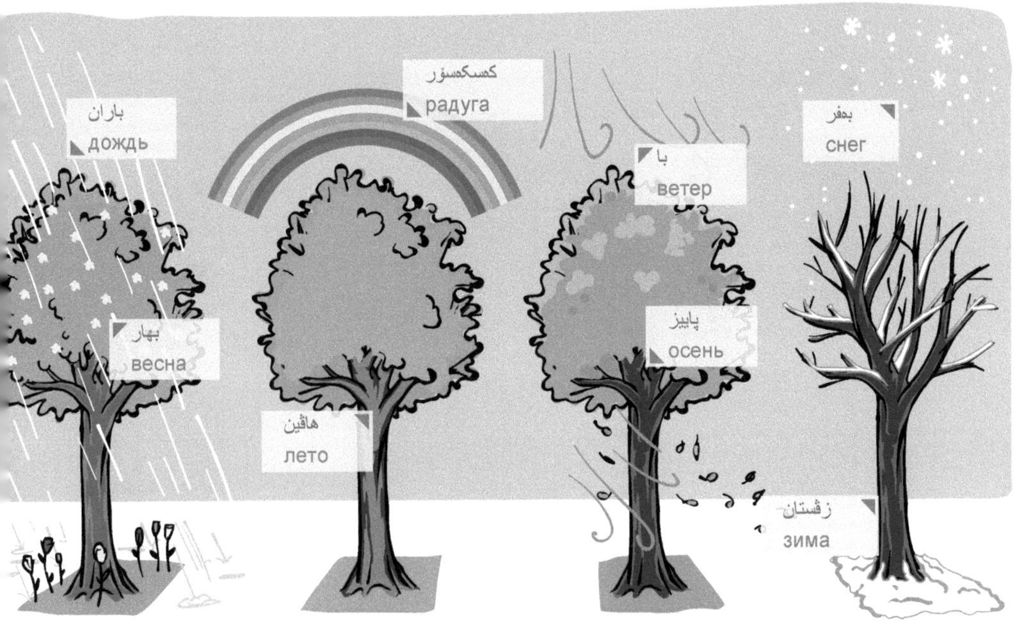

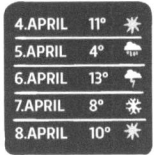

4.APRIL 11°
5.APRIL 4°
6.APRIL 13°
7.APRIL 8°
8.APRIL 10°

پێشبینیا هەوا
..................
прогноз погоды

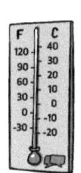

F
C
120
90
60
30
0
-30
40
30
20
10
0
-10
-20

تەهنپیڤ
..................
термометр

تاڤ
..................
солнечный свет

هەور
..................
туча

مژ
..................
туман

هێمی
..................
влажность воздуха

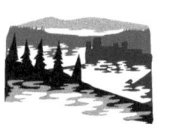

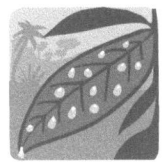

برق

молния

برووسک

гром

تۆفان

буря

تەرگ

град

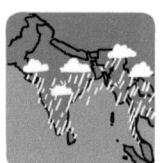

مانسوون

муссон

لەهی

наводнение

جەمەد

лёд

رێبەندان

январь

رەشەمە

февраль

نەورۆز

март

گولان

апрель

جۆزەردان

май

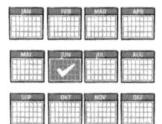

پووشپەڕ

июнь

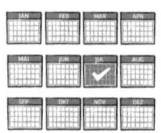

گەلاوێژ

июль

خەرمانان

август

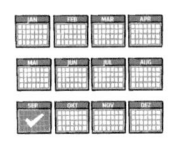

رەزبەر
.............
сентябрь

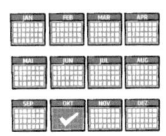

كەوچێر
.............
октябрь

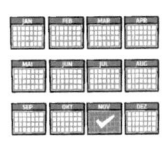

سەرماوەز
.............
ноябрь

بەفرانبار
.............
декабрь

چەمبەر
.............
круг

چارچک
.............
квадрат

چارقۆزی
.............
прямоугольник

سێقۆزی
.............
треугольник

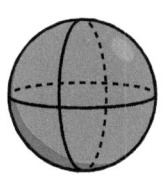

قادا
.............
шар

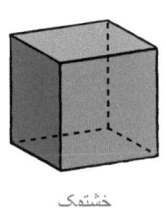

خشتەک
.............
куб

سپی
..............
белый

زەر
..............
желтый

پرتەقالی
..............
оранжевый

پەمبە
..............
розовый

سۆر
..............
красный

مۆر
..............
лиловый

شین
..............
синий

کەسک
..............
зелёный

قەهوەیی
..............
коричневый

گەور
..............
серый

رەش
..............
черный

زۆر / کەم

много / мало

ب هێرس / بێدەنگ

яростный / мирный

بەدەو / نەرەند

красивый / уродливый

دەستپێک / داوی

начало / конец

مەزن / بچووک

большой / маленький

رۆنی / تاری

светлый / темный

براک / خوشک

брат / сестра

پاگژ / گرێژ

чистый / грязный

تەقێ / نەتەمام

полный / неполный

رۆژ / شەڤ

день / ночь

مری / زندی

мёртвый / живой

فرە / تەنگ

широкий / узкий

خوشمزه / بدمزه

съедобный / несъедобный

بداخلاق / خوش

злой / дружелюбный

ب هیجان زده / ناجز

взволнованный /
скучающий

چاق / لاغر

толстый / худой

یکمکمین / داوین

сначала / в конце

دوست / دژمن

друг / враг

پر / خالی

полный / пустой

سخت / نرم

твёрдый / мягкий

سنگین / سبک

тяжёлый / легкий

برسنه / تینی

голод / жажда

ناخوش / ساخ

больной / здоровый

غیرقانونی / قانونی

незаконный / законный

روشنفکر / بالووله

умный / глупый

چپ / راست

слева / справа

نزدیک / دور

близко / далеко

نوو / بکارهاتی

новый / подержанный

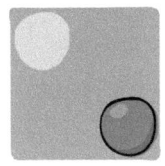

هیچ / تشتمک

ничто / нечто

کال / جوان

старый / молодой

ل / ژ

…ключено / выключено

فِکری / گرتی

открыто / закрыто

نارام / دهنگیلند

тихо / громко

دهولهمهند / رِمبِن

богатый / бедный

راست / شاش

правильный /
неправильный

در / هلوو

шероховатый / гладкий

خهمگین / شا

…чальный / счастливый

کورت / درێژ

короткий / длинный

هێدی / زوو

медленный / быстрый

شِل / زوا

мокрый / сухой

گهرم / هێنک

тёплый / прохладный

شهڕ / ئاشتی

война / мир

| **0** | **1** | **2** |
|:---:|:---:|:---:|
| سفر | یەک | دوو |
| ноль | один | два |

| **3** | **4** | **5** |
|:---:|:---:|:---:|
| سێ | چار | پێنج |
| три | четыре | пять |

| **6** | **7** | **8** |
|:---:|:---:|:---:|
| شەش | هەفت | هەشت |
| шесть | семь | восемь |

| **9** | **10** | **11** |
|:---:|:---:|:---:|
| نۆ | دە | یازدە |
| девять | десять | одиннадцать |

# 12
دازده
.................
двенадцать

# 13
سیزده
.................
тринадцать

# 14
چارده
.................
четырнадцать

# 15
پازده
.................
пятнадцать

# 16
شازده
.................
шестнадцать

# 17
همفده
.................
семнадцать

# 18
هژده
.................
восемнадцать

# 19
نوزده
.................
девятнадцать

# 20
بیست
.................
двадцать

# 100
سد
.................
сто

# 1.000
هزار
.................
тысяча

# 1.000.000
ملیۆن
.................
миллион

ئینگلیزی

английский

ئنگلیزیا ئامەریکی

американский английский

چینی ماندارین

мандаринский китайский

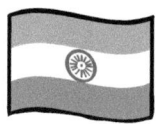

هیٔندی

хинди

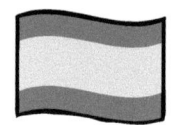

ئیسپانیۆلی

испанский

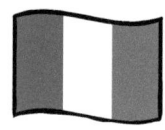

فرەنسی

французский

ئەرەبی

арабский

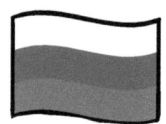

رووسی

русский

پۆرتوگالی

португальский

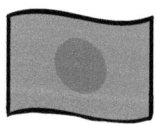

بەنگالی

бенгальский

ئەلمانی

немецкий

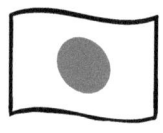

ژاپۆنی

японский

من
.................
я

تو
.................
ты

ئەو / ئەف / ئەو
.................
он / она / оно

ئێمە
.................
мы

تۆ
.................
вы

ئەو
.................
они

کی؟
.................
кто?

چ؟
.................
что?

چاوا؟
.................
как?

کیدەرێ؟
.................
где?

کەنگی؟
.................
когда?

ناڤ
.................
имя

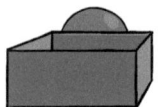

پێنْشْی

за

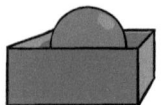

.........

в

پێنْشی

перед

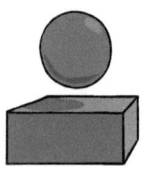

سهر

над

سهر

на

بن

под

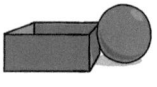

کئلمک

рядом

ناڤبەر

между

جه

место